ISBN 88-477-1845-7

www.edizioniel.com

Stampato da LEGO S.p.A., Vicenza

Beatrice Masini

Sara Not

Il mondo del Balletto

Edizioni EL

Non so ancora cosa farò da grande.

Per adesso studio danza classica, e mi diverto, e a volte faccio fatica, ma insomma: mi piace tanto. A volte mi sembra di essere sicura, di non avere dubbi: certo, farò la ballerina. Ma non dipende solo dai miei desideri: dipende dal talento che possiedo, ed è qualcosa che è difficile misurare, almeno ora. A volte invece penso che mi piace di piú scrivere. Ho ancora un sacco di tempo per decidere. Intanto, per mettere le due cose insieme, ho pensato di raccontare il mondo della danza come lo vedo io. Ma siccome non è poi cosí facile, ho chiesto aiuto ai miei amici, quelli grandi come me e gli adulti: sono le persone che fanno i mestieri della danza, e quelle che ancora li sognano, come noi ragazzi. Ognuno conosce molto bene un dettaglio, una parte di questo mondo. E cosí, mettendo insieme tutti i dettagli, il quadro è completo. La danza è davvero come un quadro vivente, sempre in movimento, sempre diverso. Sono contenta di farne parte anch'io.

Zoe

Maestro Kaj
Madame Olenska
Gimenez
Aliai
Jonathan
Lucas

Mara
Simone
Demetra
Maestro
Fantin
questa
sono io, Zoe!
Leda
Laila

L'ABBIGLIAMENTO

Ogni aspirante ballerina desidera un tutù. Ma dovrà aspettare parecchio prima di averne uno.

Come dice Madame, la danza non è fatta di perline e paillettes. È fatta di duro esercizio. E per esercitarsi la tenuta ideale è una semplice tutina di cotone stretch. Non impaccia, aderisce al corpo e si adatta ai movimenti. Può avere le maniche corte o a trequarti, e magari una piccola gonna a portafoglio oppure un accenno di volant, ma niente di piú.

Anche i colori sono essenziali: nero, azzurro, rosa.

La tenuta dei ragazzi è molto simile: maglietta bianca e pantaloncini neri o ghette nere.

Scaldacuore e scaldamuscoli sono vezzosi e fanno tanto ballerina professionista. In verità quando si comincia a studiare danza non servono molto, ma come resistere alla tentazione di farseli regalare, soprattutto se sono rosa e vaporosi come nuvolette?

In alcune scuole si usa una tuta da ginnastica leggera per spostarsi dagli spogliatoi alle sale da ballo. Cosí non si prende freddo.

L'occorrente per la lezione di danza si ripone in una sacca. Dev'essere ampia e robusta. Molti ballerini usano una piccola valigia con le rotelle: cosí non fanno la fatica di caricarsi il peso in spalla.

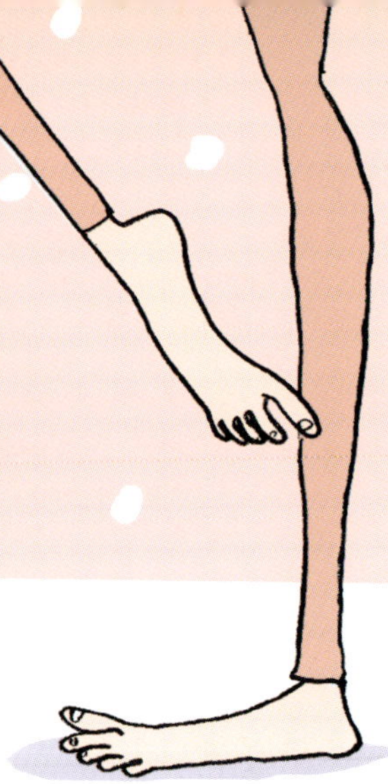

LE SCARPETTE

Le prime lezioni di danza si fanno a piedi nudi, o quasi.

Basta un paio di calzine. In questi momenti è importante imparare a usare il proprio corpo, e i piedi sono una parte fondamentale. Stare scalzi fa lavorare molto il piede.

Poi viene il momento delle scarpette da mezza punta. Sono di pelle morbidissima o di tela fermate da un elastico basso che passa sopra il piede o da lacci di cotone. Di solito sono rosa. Hanno la suola molto sottile rispetto alle scarpe normali. I maschi usano scarpette bianche o nere, con una banda elastica a fermarle.

Con le scarpette da mezza punta si indossano calzine bianche corte.

Per non scivolare sul legno del pavimento si usa passare le suole delle scarpe nella pece polverizzata. Non è nera come la si immagina, è trasparente...

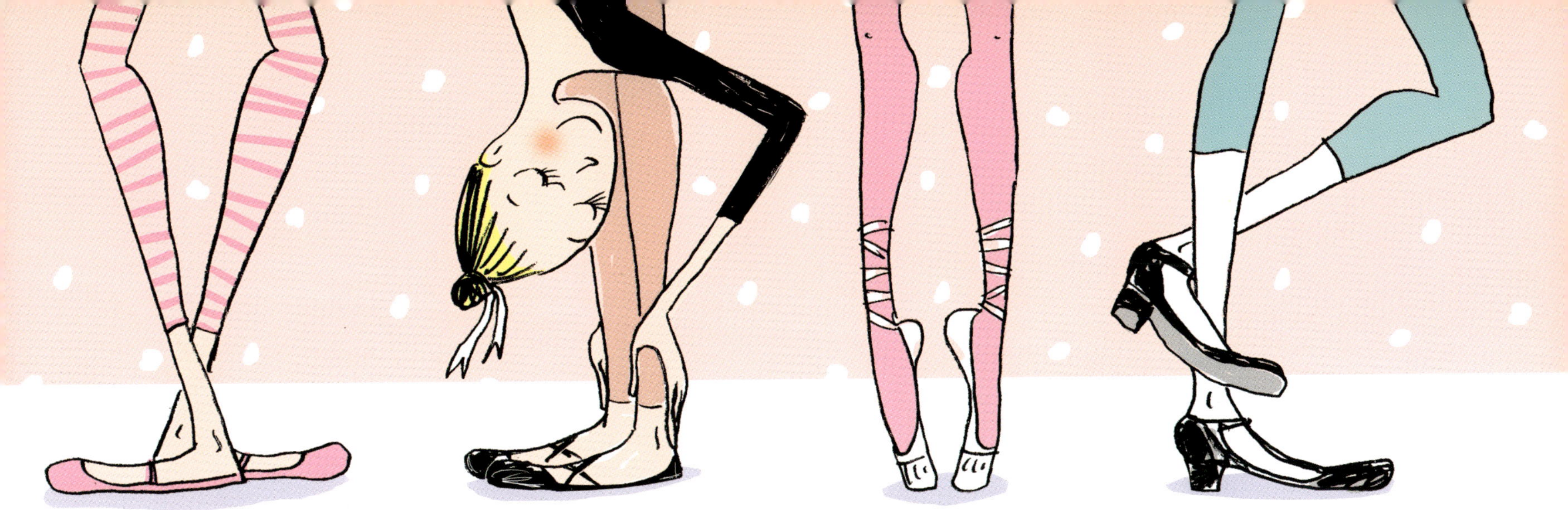

Solo dopo alcuni anni di studio per le ragazze verrà il momento di passare alle scarpe da punta. La punta è di gesso, e serve a sostenere il peso del corpo, mentre la tomaia è di raso, come i lacci. Sono delicate perché il raso strofinando a terra si sbuccia. E all'inizio non è facile abituarsi: fanno male... Ci sono ballerine che ne consumano un paio o anche di piú per ogni spettacolo. Ogni ballerina ci tiene a occuparsi delle sue scarpette, mettendo all'interno rinforzi particolari e segreti, e cucendo da sola i lacci.

Con le scarpe da punta si indossano collant pesanti, color cipria o color carne, fatti apposta per le ballerine.

Per la danza di carattere si usano le scarpe da mezza punta oppure un altro modello morbidissimo, a mezzo tacco, fermato da un cinturino.

Tutti questi capi di abbigliamento si comprano in negozi specializzati, nel senso che per danzare non vanno bene le calze che si comprano in merceria o al supermercato... Sono negozi deliziosi, e andarci è sempre un piacere. Si sbirciano le cose che si indosseranno un giorno, forse, chissà...

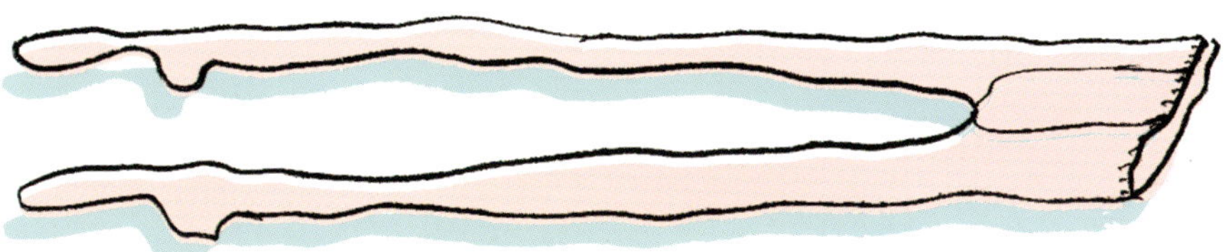

i CAPELLI

Le ballerine portano i capelli raccolti, perchè non diano fastidio e non cadano davanti agli occhi.

Per questo è bene che li abbiano di una certa lunghezza, almeno fino alle spalle. Cosí sarà facile raccoglierli e poi puntarli con le forcine.

Anche la frangia va raccolta e domata con le forcine. Molte ballerine non ce l'hanno: i capelli tutti pari sono piú facili da acconciare.

Lo chignon si fa a partire da una coda, raccogliendo i capelli abbastanza in alto sulla testa. Poi la coda va fatta girare attorno all'elastico e fissata via via con le forcine. Infine si avvolge piú volte la retina attorno al nodo di capelli ottenuto: serve a tenerli insieme e a evitare che le ciocche sfuggano alle forcine.

Per le lezioni, molte scuole accettano anche le trecce, o una sola treccia. Chi ha i capelli troppo corti per legarli può tenerli indietro con una fascia elastica. L'importante è seguire con scrupolo il regolamento.

Ogni ballerina ha il suo beauty case: un cofanetto o una borsina che contiene laccetti elastici, forcine, retina e spazzola.

Per gli spettacoli, le ballerine intrecciano nastri e fiori nei capelli, o portano diademi e coroncine intonati al loro costume. Ma nella vita di tutti i giorni comanda la semplicità.

PREPARARSI ALLA LEZIONE

Prima di tutto via i gioielli.

Niente orecchini (soprattutto se sono lunghi), anelli, catenine, braccialetti. Meglio lasciarli addirittura a casa e arrivare a lezione con braccia, collo e orecchie già nudi.

Cambiarsi è un'operazione che bisogna imparare a fare in autonomia, senza l'aiuto delle mamme. Nello spogliatoio c'è sempre almeno un'assistente (o un assistente, nel caso dei maschi) che aiuta gli allievi a prepararsi, se ne hanno bisogno (soprattutto le ragazze, che spesso chiedono aiuto quando si tratta di pettinarsi).

Si ripongono in ordine i vestiti, ben piegati per non ritrovarli stropicciati a fine lezione, e si indossa tutto l'occorrente. La stessa regola vale anche alla fine: quando ci si cambia di nuovo, la tutina, le scarpe, le calze e il resto vanno ripiegati con cura e riposti nella propria sacca.

Lo spogliatoio è anche un posto in cui si chiacchiera e si scherza con i compagni. Con misura, però: senza alzare la voce, gridare o sghignazzare, senza giocare a rincorrersi o a lanciarsi oggetti.
Una ballerina ha bisogno di compostezza e concentrazione fin dal momento in cui si prepara per la lezione o per la prova.

UN PO' DI STRETCHING

Io sono Gimenez. Mi chiamano tutti così, solo col cognome.

In queste pagine scoprirai i segreti del riscaldamento. I muscoli di un ballerino sono preziosi, e non vanno sottoposti a sforzi bruschi. Per questo è cosí importante la sbarra. Ma prima ancora, e prima di ogni impegno in palcoscenico, si fanno alcuni esercizi di stretching.

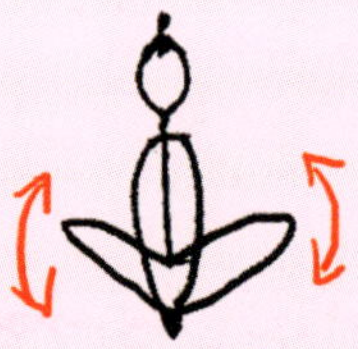

LA FARFALLINA: schiena diritta, piante dei piedi unite. Le gambe, molto piegate, vanno su e giú, imitando le ali di una farfalla. Se riescono a toccare terra è meglio.

IL GATTO: a quattro zampe. La schiena si inarca e la testa si abbassa. Poi la testa va all'indietro e la schiena si flette. Elasticità felina...

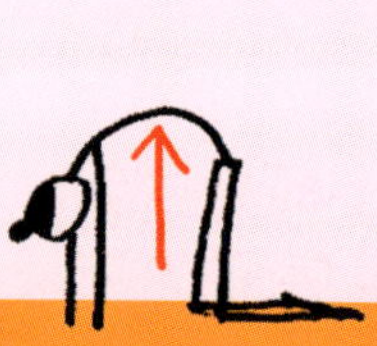

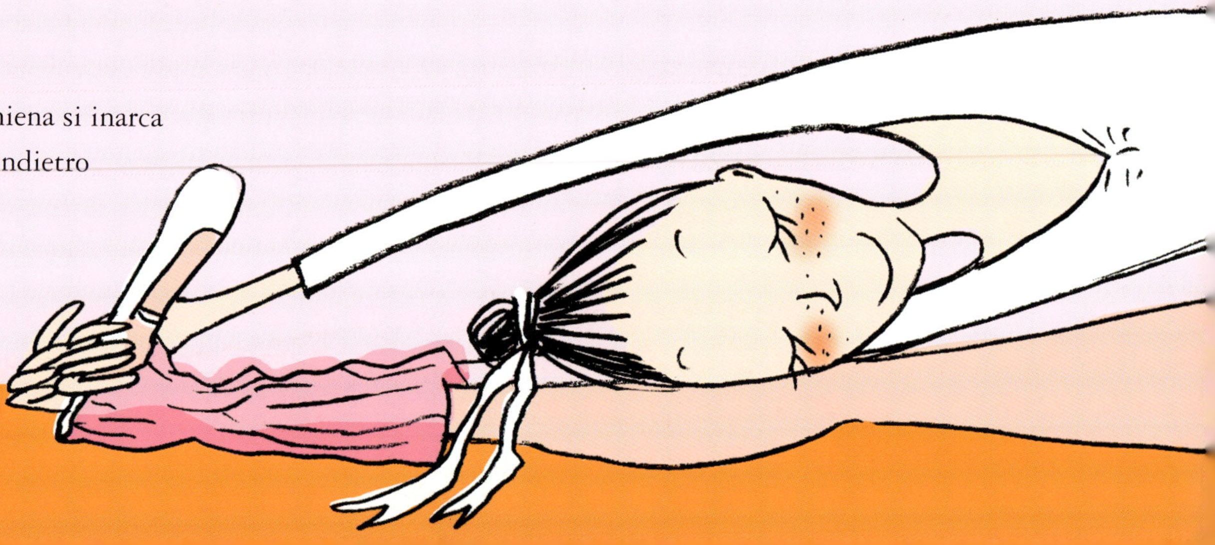

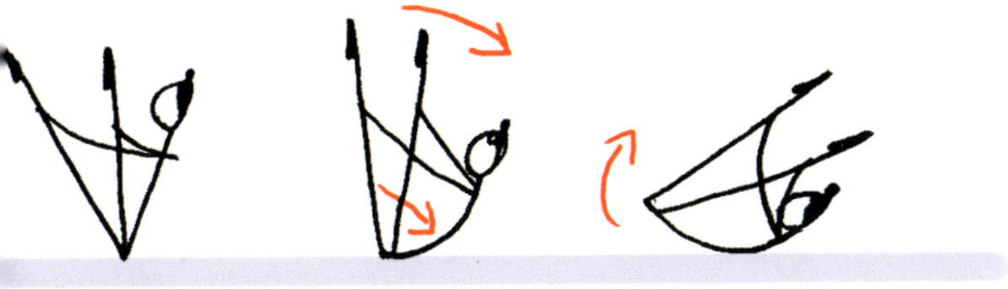

OPEN LEG ROCKER:
un esercizio «dondolante»
che richiede forza ed elasticità.

A

ROLLING LIKE A BALL:
per rotolare come una palla
bisogna immaginare di stare
chiusi dentro una bolla...

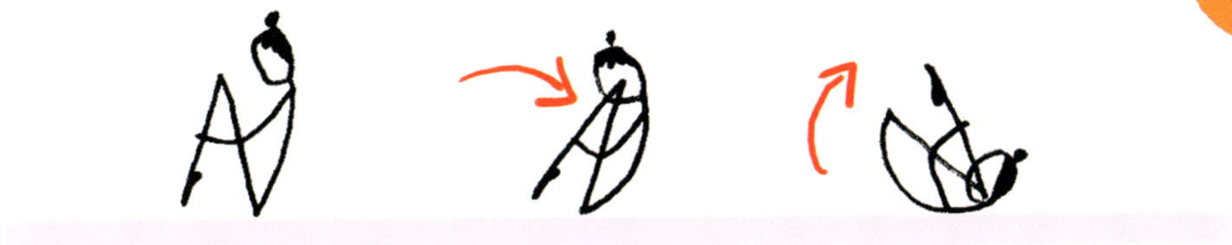

B

IL METODO PILATES

Concentrazione, controllo del corpo, fluidità dei movimenti: il metodo Pilates è una ginnastica speciale, perfetta per la preparazione dei ballerini. Lo scopo non è potenziare la muscolatura ripetendo tante volte lo stesso esercizio, ma far sí che ogni movimento sia legato a quello che lo precede e a quello che lo segue in un'assoluta padronanza del corpo, a partire dal respiro.

TEASER: esige concentrazione e lentezza per riuscire a mantenere l'equilibrio.

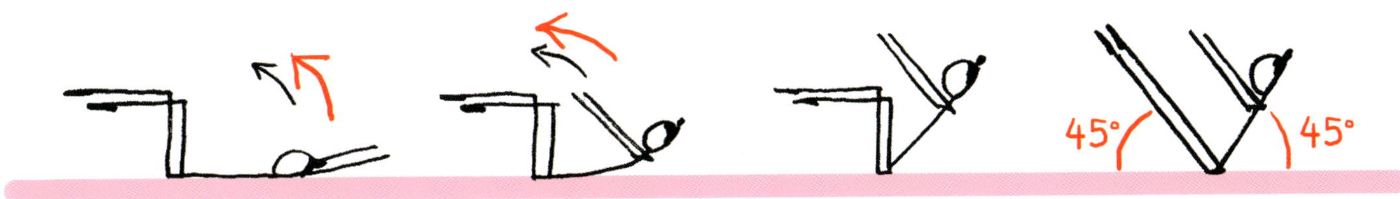

LE BASI DEL BALLETTO

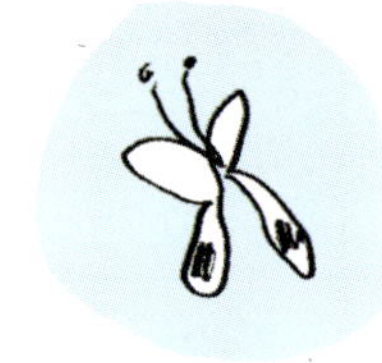

Io sono metà francese e per questo vi parlo io delle basi del balletto:

perché le parole della danza sono tutte francesi. Infatti è in Francia che il balletto è diventato importante, dal Seicento in poi, alla corte del Re Sole, che adorava la danza e ha danzato con passione finché non è diventato troppo vecchio e grasso per farlo...

LE POSIZIONI

Il balletto classico si basa sulla posizione *en dehors*: le gambe e i piedi si rivolgono all'infuori. È una posizione forzata rispetto a quella naturale, ma consente una grandissima libertà di movimento e di articolazione. Ci sono persone che fin da piccole hanno una certa facilità ad assumere questa posizione; altre meno. Ma la si conquista e la si perfeziona un po' alla volta, piano piano, facendo esercizi che aiutino le gambe a muoversi con disinvoltura. Non a caso si dice che le ballerine sembrano snodate...

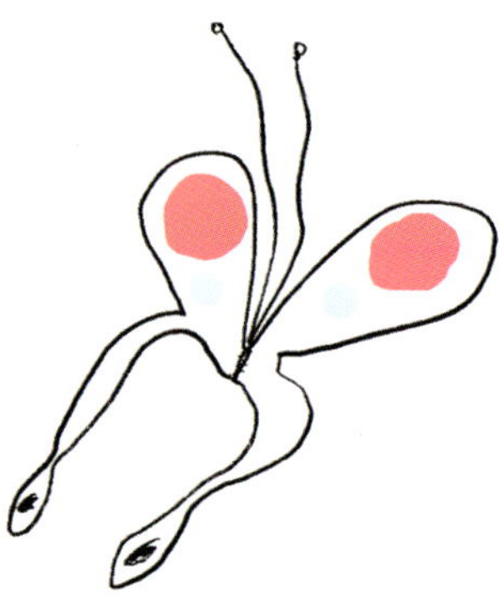

La schiena è diritta, lo sguardo fisso davanti a sé, il mento alto, le spalle basse. Prova a immaginare come deve sentirsi una marionetta tirata in su dal filo che ha in mezzo alla testa: ecco, un ballerino deve provare quella sensazione.

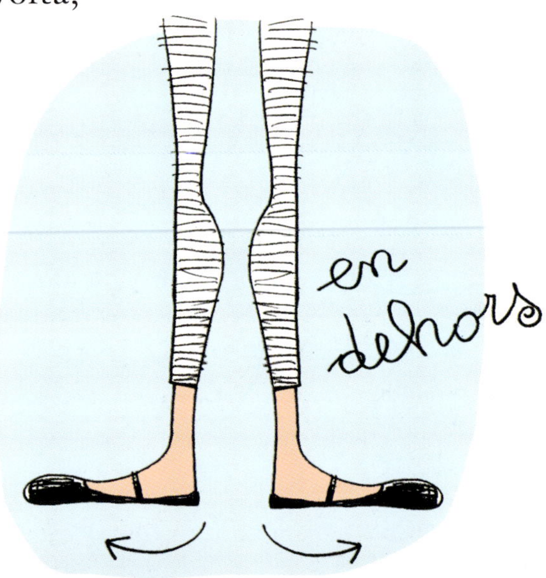

Le posizioni di base
dei piedi e delle braccia sono cinque.

PRIMA POSIZIONE:
talloni uniti, punte in fuori.
Le mani si sfiorano davanti
al corpo, le braccia sono
morbide e formano un ovale.

SECONDA POSIZIONE:
talloni separati, punte in fuori.
Braccia morbide, allargate, con gomiti
e polsi appena appena piegati.

TERZA POSIZIONE:
il tallone di un piede
si avvicina all'interno
dell'altro piede.

QUARTA POSIZIONE:
dalla terza, i piedi si distanziano.

QUINTA POSIZIONE:
piedi vicini, uno davanti
all'altro. Tutte e due
le braccia sopra la testa.

LA SBARRA

La sbarra è un'amica preziosa per chi studia balletto.

È appoggiandosi a lei che si imparano i primi esercizi veri. Quelli che tutti i ballerini, anche i piú grandi, ripetono e ripetono ogni giorno, per tutta la loro carriera.
Due sbarre corrono parallele lungo le pareti: sono a due altezze diverse per poter sostenere sia i piccoli ballerini che quelli già cresciuti.

PLIÉ:
si piegano un po' le ginocchia e il corpo scende. La schiena è diritta.

GRAND PLIÉ:
si piegano le ginocchia a fondo, scendendo, e infine si sollevano i talloni da terra.

GRAND BATTEMENT:

si comincia con un *battement tendu*, ma la gamba non si ferma: continua a salire, fino a fare un angolo retto con il corpo. Davanti, di lato, dietro.

RELEVÉ:

si sale lentamente sulle mezze punte.

BATTEMENT TENDU:

si fa scivolare la punta del piede a terra tendendo la gamba davanti a sé.

ROND-DE-JAMBES:

dopo un *battement tendu*, la gamba si sposta di lato, disegnando un quarto di cerchio, e continua dietro, completando un semicerchio. Poi si torna alla posizione iniziale.

RENVERSÉ:

prima la schiena, poi la testa scivolano all'indietro, accompagnate dal braccio, morbidamente. Poi si torna diritti.

ARABESQUE:

la gamba sale indietro piú alta che può, mentre il corpo si inclina in avanti.

IL CENTRO

È finalmente, dopo il riscaldamento, è ora di andare al centro.

Io aspetto i ballerini nella sala da ballo, che è il mio regno. Una grande stanza con la sbarra su tre lati e uno specchio enorme, a tutta parete, sulla quarta. Il pavimento è di parquet. C'è un pianoforte, e un pianista accompagna gli esercizi con la musica eseguita dal vivo.

È il momento piú impegnativo e appassionante della lezione, quello che assomiglia di piú a un vero balletto. Si provano sequenze di passi e brevi coreografie, si imparano posizioni e passi nuovi. Rigore e precisione sono fondamentali. Io sono inflessibile, quando si tratta di lavorare seriamente...

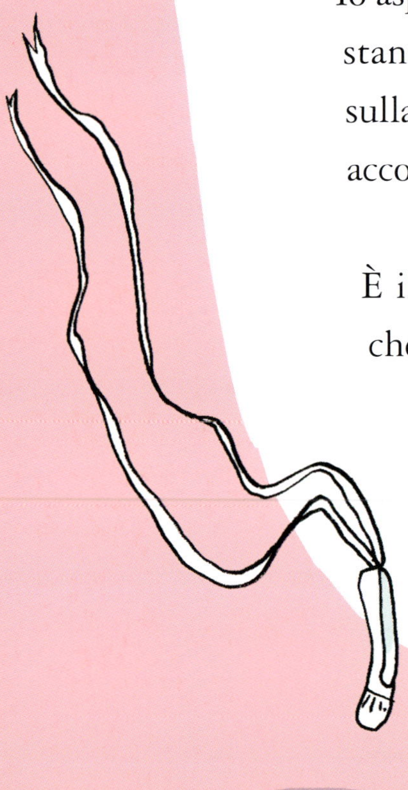

PAS-DE-CHAT:

è un balzo laterale o in avanti che imita il modo di fare del gatto: infatti vuol dire «passo da gatto». L'effetto è di grande morbidezza e agilità.

GLISSADE:

è un passo scivolato.

LE CORSE:

la corsa piú semplice è quella sulle mezze punte, per entrare in scena e prendere posto al centro, e poi per tornare fuori scena, appoggiati alla sbarra mentre è il turno dei compagni. Ci sono anche corse intervallate da salti e balzi, che le rendono piú eteree. E poi c'è la corsa in punta di piedi, fatta di minuscoli passi uno vicinissimo all'altro: una cosa da professioniste...

i SALTi

GRAND JETÉ: si slancia la gamba davanti e ci si libra a mezz'aria tendendo anche la gamba dietro... poi si atterra e si ricomincia.

GRAND JETÉ EN TOURNANT: è un salto in cui si gira su se stessi. Si parte con una gamba tesa all'indietro, ci si volta verso quella gamba, si slancia la gamba di dietro in avanti e si piroetta nell'aria per atterrare sull'altra gamba.

Nel balletto ci sono salti piccoli e salti grandi, salti in alto e salti in lungo. Di solito ci si esercita reggendosi alla sbarra, che consente di elevarsi di piú, mettendosi di fronte a lei e tenendola con tutte e due le mani; poi si prova al centro, dove non si ha nessun tipo di aiuto. Si può saltare a partire da due gambe e ricadere su due oppure su una, oppure da una gamba su due, da una gamba sulla stessa, da una gamba sull'altra.

ENTRECHAT: gambe tese; poi gambe piegate; ci si slancia verso l'alto e quando si è sospesi si fa rapidamente passare un piede davanti all'altro, una o piú volte. È diventato un passo tipicamente maschile, anche se a praticarlo per prime furono le ballerine.

TEMPS LEVÉ: si parte dalla prima o dalla quinta posizione. Tenendosi con due mani alla sbarra, si fa un *demi-plié* e si salta in alto, tendendo ginocchia e punte dei piedi. Si atterra con le ginocchia piegate, che poi tornano diritte.

CHANGEMENT DE PIEDS: si parte dalla quinta posizione, si piegano le ginocchia, ci si slancia in alto e si torna a terra con le ginocchia piegate (che poi si raddrizzano) dopo aver scambiato i piedi: quello che prima era davanti ora è dietro, e viceversa.

SISSONNE: è un tipo di balzo lungo che prende il nome dal coreografo che l'ha inventato. Si può fare da due piedi a due piedi o a un piede.

LE PIROETTE: per fare bene le piroette (o i giri) bisogna imparare a fissare un punto davanti a sé e tornare subito a fissare quel punto appena impostato il giro: è il solo modo per non perdere l'equilibrio e la concentrazione.

FOUETTÉ: si parte tendendo di lato la gamba, per darsi lo slancio: poi si avvicina la punta del piede al ginocchio, ruotando sulla mezza punta (o sulla punta) dell'altro piede. E si continua cosí, fino alla perfezione (o allo stordimento). Una celebre ballerina italiana, Pierina Legnani, riusciva a farne trentadue di fila, e la sua performance fu inserita nella coreografia del *Lago dei cigni* nel 1895.

L'INCHINO: alla fine della lezione al centro, gli allievi ringraziano l'insegnante con un inchino impeccabile. Non è solo il gesto con cui si saluterà (un giorno, forse) il pubblico scatenato negli applausi: è prima di tutto un saluto e un gesto di cortesia (non a caso in francese si chiama *révérence* e in inglese *curtsy*).

Lo specchio serve per guardarsi, ma solo ai ballerini piú bravi, che devono controllare l'effetto dei loro passi. I ballerini giovani non devono perdere tempo a specchiarsi, ma concentrarsi su quello che stanno facendo...

i PAS DE DEUX

Naturalmente qui stiamo parlando di ballerini cresciuti e maturi,

che affrontano coreografie complesse, in cui ci sono passi da fare in coppia. Il maschio ha il ruolo del «portatore» (ed è questa una delle ragioni per cui le ballerine classiche sono quasi tutte leggere e minute: altrimenti chi le porta?). Lui sostiene i giri della compagna, la solleva, la porta sulle spalle, la accompagna nella *promenade* (vuol dire passeggiata) e nelle piroette, pronto a «chiudere» i suoi giri al momento giusto.

I *pas de deux* sono di gran lunga i momenti piú appassionati dei balletti. Mimano incontri, passioni, scontri, litigi, dolori, riconciliazioni, momenti di sublime felicità... Quando sono sul palcoscenico, i ballerini piú bravi si muovono in coppia con assoluta fluidità, e il pubblico non si accorge della concentrazione e della fatica che occorrono per coordinare i movimenti e per intendersi. E nemmeno dell'impegno tutto fisico del ballerino che deve reggere il peso (per quanto minimo, è pur sempre un peso) della compagna.

LA DANZA DI CARATTERE

Sono il maestro Kaj: all'Accademia mi chiamano semplicemente così.

Insegno danza di carattere, che è da sempre la mia grande passione. Quando ero un ragazzino, adoravo le lezioni di mimo e mi piaceva imitare gli animali...

IL MIMO

In genere si comincia a sperimentare la danza di carattere provando a imitare gli animali.

Il gatto e il leone si muovono morbidamente, lentamente, con il passo elastico dei felini.

L'elefante
si muove piano, con pesantezza.

La farfalla si imita correndo in punta di piedi e fermandosi di colpo ogni tanto, come sopra un fiore, agitando le braccia in su e in giú con grazia.

Ma si possono imitare anche i giocattoli... Ecco una fila di soldatini. Marciano impettiti come veri militari.

Questa è una bambola meccanica. Ha il sorriso dipinto sulla faccia e si muove un po' a scatti. Il pupazzo che salta su dalla scatola magica ha una molla che lo spinge: schizza su di colpo e poi dondola da una parte e dall'altra.

L'ESPRESSIONE

Nella danza di carattere l'espressione del volto e del corpo è importantissima. I sentimenti vanno comunicati con enfasi e chiarezza. Non si danza solo con le gambe, ma anche con gli occhi, la bocca, i movimenti delle mani e delle braccia... sembra strano, ma a pensarci è molto naturale. Anche nella vita di tutti i giorni ci si esprime usando tutto quanto il corpo.
Per essere bravi ballerini non basta quindi avere una tecnica impeccabile e straordinarie capacità atletiche. È necessario riuscire a manifestare anche una ricchissima gamma di emozioni. Altrimenti si rischia di essere solo abilissime marionette, sofisticati meccanismi senza cuore.

Mimiamo:

LE DANZE POPOLARI

La danza di carattere è antichissima. Ogni popolazione ha un suo patrimonio di danze e di passi che il balletto ha preso in prestito. Tarantella, polka, mazurka, polacca: sono solo alcuni esempi di danze popolari. I passi e le sequenze vengono rivisitati dal coreografo, che si ispira apertamente a questo ricchissimo patrimonio.
Di solito le coreografie di questo genere si danzano con costumi ispirati alle tradizioni di ciascun paese: gonne colorate, corsetti di velluto, camicie con gran maniche a sbuffo, copricapi particolari...

IL TUTÚ

Anche per le mie tesorine viene il momento di abbandonare le tutine semplici e di indossare dei veri tutù:

stiamo facendo le prove per il saggio... Loro sono eccitatissime, care: e le capisco, perché anche per una grande ballerina provare un tutú nuovo e capire come asseconderà e valorizzerà i suoi gesti è un momento importante, e porta sempre con sé tanta emozione...

Io adoro il mio lavoro, perché è un po' come dar corpo ai sogni. È vero che una ballerina pasticciona dentro un bel tutú sembra una papera vestita con le piume del pavone... insomma, il vestito non basta. Ma fa la sua bella figura...

Alla corte di Francia, nel Seicento, il balletto era una delle arti piú importanti: Luigi XIV, il Re Sole, adorava guardare le coreografie. A quel tempo le ballerine, poverine, portavano costumi molto, molto ingombranti. Non so proprio come facevano a muoversi, quelle cocche.

I tutú corti sono stati inventati nel Settecento, insieme alle scarpette con le punte: servivano a mettere piú in evidenza i movimenti delle ballerine, che avevano voglia di sentirsi libere. Oltre ad accorciare gli orli, via i tacchi alti, quindi, e capelli sciolti al posto delle parrucche.

Alla fine del Settecento il coreografo francese Noverre decide che il corpo deve essere ancora piú libero, e propone degli abiti fluidi, che non imprigionino i movimenti.

È per una grande ballerina italiana, Maria Taglioni, impegnata nel balletto *La Sylphide*, che viene inventato il primo tutú, lungo fino alle ginocchia e lieve lieve. È il 1832. Lei deve interpretare una divinità dei boschi, fluida, magica e sfuggente, e quindi anche il vestito dev'essere giusto... Porta le scarpette rosa con le punte e sulla schiena del tutú vengono cucite due piccole ali. Come mi sarebbe piaciuto vederla, quella cocca...

Da allora, be', diciamo che vale un po' tutto: tutú corti e rigidi, lunghi e morbidi, tutine spaziali, costumi ispirati ad abiti antichi... Ogni allestimento ha il suo costumista che rinnova la sartoria portando le sue idee. E io, da brava sarta, eseguo. Naturalmente ci metto del mio: chi meglio di me può sapere come cade un tessuto, o che effetto farà una certa trama sotto le luci violente del palcoscenico?

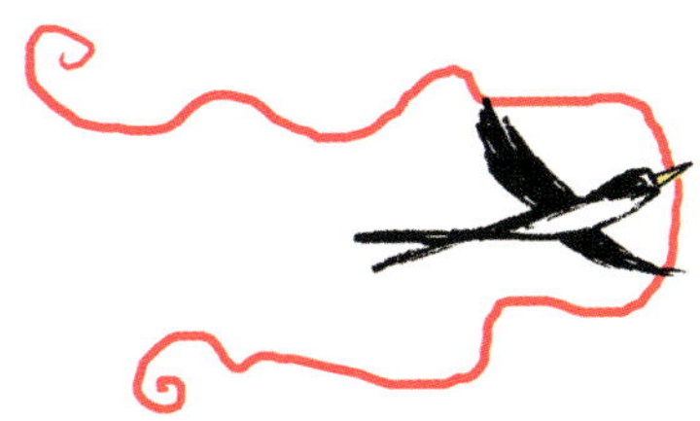

Certo i materiali di oggi, leggeri e lucenti, sono molto adatti a creare delle piccole opere d'arte che non danno fastidio a chi le indossa e nello stesso tempo ne sottolineano la grazia. I tutú sono completati dalle acconciature: tiare da principessa, cerchietti di piume per le danzatrici del *Lago dei cigni*... Io cerco sempre qualche trucchetto perché questi oggetti non diano fastidio alle ballerine, e soprattutto se ne stiano al loro posto senza scappare via sul piú bello.

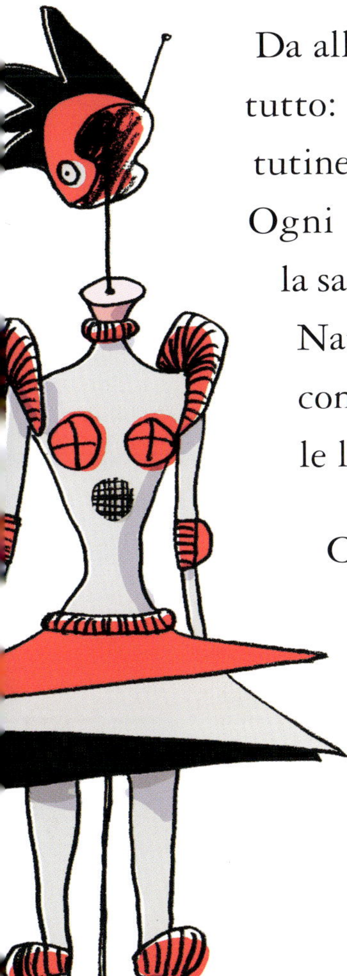

Ehi, è arrivato il momento del saggio! Questa volta siamo tutti in scena! Mi raccomando, concentrazione! Bisogna essere perfetti!

Il saggio

Il saggio è l'occasione per mostrare al mondo i risultati raggiunti: la tecnica, certo, ma anche l'espressività e la capacità di esibirsi in pubblico. D'altra parte chi sceglie di danzare, è ovvio, adora esibirsi, e non vede l'ora di farlo...

Le prove sono durate alcune settimane. Prima abbiamo provato le coreografie pezzo per pezzo, nella sala da ballo. Poi le abbiamo montate, unendo un pezzo all'altro.
Infine ci siamo trasferiti in teatro. Che brividi... è come essere dei veri professionisti. C'è un buon odore un po' strano di freddo, polvere e legno. Ci sono tanti angoli misteriosi e bui che fanno anche un po' paura. Ci sono le altissime quinte di velluto rosso, che sembrano sparire nell'oscurità, in alto in alto, dove un groviglio di impalcature e cavi è un altro segnale della vita segreta del teatro.

Sul legno del palcoscenico ci sono dei segni tracciati con il nastro adesivo fluorescente: cerchi e piccole croci. Servono per riconoscere al buio i punti in cui ci si deve fermare, perché le coreografie appaiano perfettamente bilanciate al pubblico.

Le prove si fanno con le solite tutine. Quando Madame si arrabbia, interrompe la musica e ci fa ricominciare daccapo, come se fosse una lezione normale. Ma noi sappiamo che non è cosí, e temiamo ancora di piú la sua furia...
La prova generale invece è tutta un'altra storia: si fa con i costumi e tutto deve filare liscio, senza interruzioni, come se fosse già il momento dello spettacolo. Serve per controllare che non ci siano inciampi e anche per far capire a tutti che si tratta di una cosa seria: basta scherzi, ragazzi, domani si va in scena per davvero, col pubblico vero...

E poi eccoci pronti, è il giorno tanto aspettato. Ci siamo vestiti (e anche un po' truccate, noi ragazze) e abbiamo fatto un po' di riscaldamento e di sbarra (ce n'è una montata dietro lo scenario). Aspettiamo, pigiati dietro le quinte, in un silenzio teso. In sala si spengono le luci e il chiacchiericcio della folla si smorza. C'è silenzio.
Parte la musica... ecco! Il primo atto è cominciato.

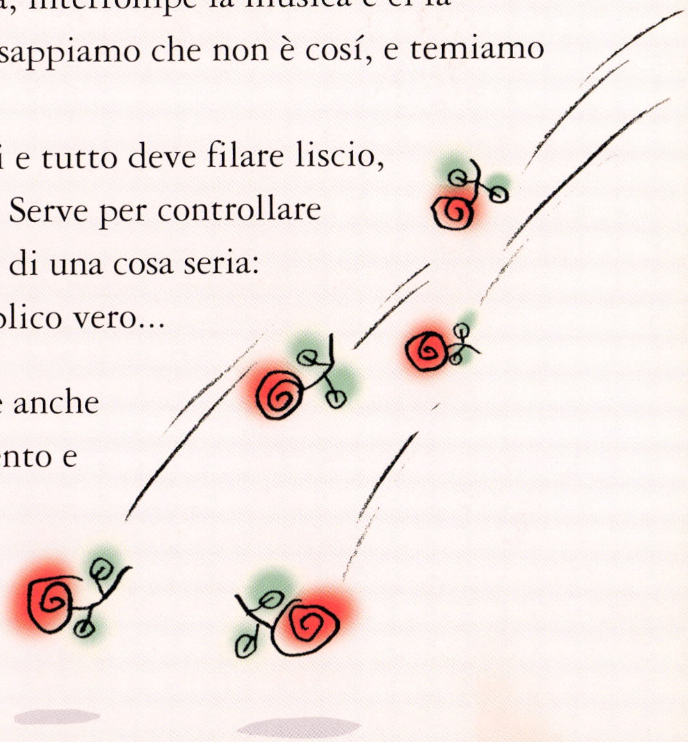

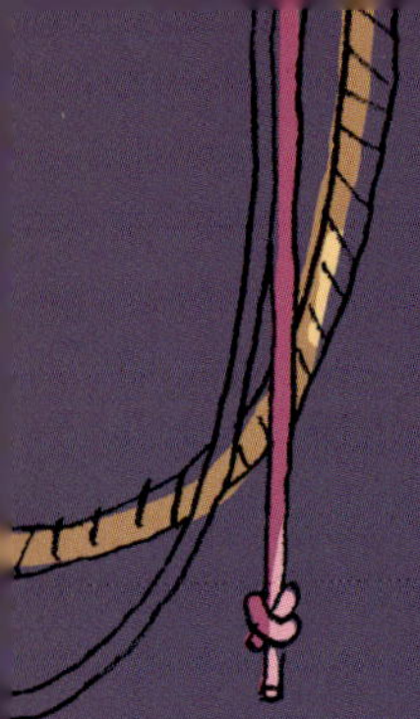

Prima si esibiscono i bambini dei primi anni. Fanno una serie di esercizi semplici ma precisi. Che bravi!

Poi tocca a noi: le nostre coreografie sono lineari ma tutt'altro che facili. Abbiamo studiato tanto... Per fortuna fila tutto liscio. Che bel rumore, quello degli applausi.

Infine entrano in scena i ragazzi degli ultimi anni. Loro si esibiscono in *pas de deux* e coreografie da veri professionisti. Il successo che ottengono è meritatissimo. Noi non li possiamo guardare: quando non è il nostro turno, torniamo in camerino a chiacchierare...

Ecco, è l'intervallo: i grandi tornano nei camerini, è andato tutto benissimo. I piccoli si rivestono e vanno in platea a vedere il resto dello spettacolo con i loro genitori: per loro la tensione è finita. Noi ci rilassiamo un po', poi ricominciamo il riscaldamento per il secondo atto.

Tocca a noi per primi... danziamo una polka molto vivace con bellissimi abiti popolari. È divertente e ha un ritmo vertiginoso. Ballare cosí ti fa sentire libera...

Ecco, abbiamo preso la nostra dose di applausi e torniamo in camerino, mentre tocca ai grandi che si esibiscono in un pezzo contemporaneo. Li incrociamo dietro le quinte: sembrano degli alieni, con le loro tutine lucide... Non ci cambiamo, perché per il ringraziamento (è quando si ricevono gli applausi finali) dobbiamo ripresentarci in scena. Siamo cosí buffe, adesso che l'agitazione è passata, con i nostri copricapi da contadinelle...

E infine, gli inchini. Noi siamo in prima fila, i grandi dietro di noi. Si sono riaccese le luci e possiamo vedere le facce di chi applaude. Inutile cercare di riconoscere qualcuno, e poi non si può: abbiamo stampato in faccia un bel sorriso e dobbiamo guardare nel vuoto, a testa alta. Piovono fiori. Il teatro è ai nostri piedi.

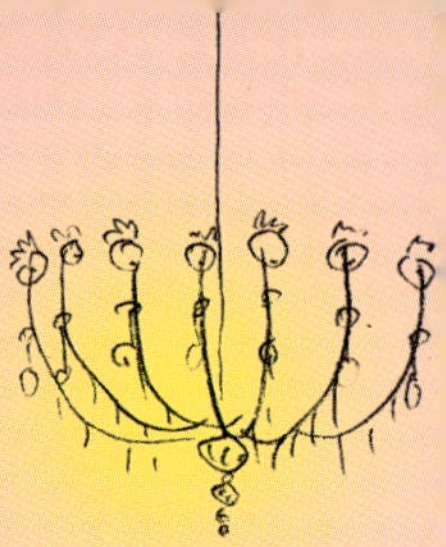

i GRANDI BALLETTI CLASSICI

Quando la musica e la danza si sposano

raccontano la stessa storia con due linguaggi diversi, quello delle note e quello dei gesti. Ed ecco i grandi balletti di repertorio. Sono storie romantiche e appassionate, qua e là divertenti, quasi sempre struggenti, molto fiabesche. Sono i titoli che ogni ballerina classica sogna di poter interpretare un giorno, quando sarà un'*étoile*.

Durante le lezioni, quando si prova un piccolo pezzo di un balletto classico, io suono la versione semplificata, per pianoforte. Con l'orchestra naturalmente è tutta un'altra musica. Ma il fascino dei grandi balletti è irresistibile anche cosí...

CENERENTOLA

Musica di Sergej Prokofiev

La fiaba tradizionale viene rivisitata con grande fedeltà: due sorellastre e una matrigna, una fata madrina dotata di straordinari poteri, il ballo, lo scoccare della mezzanotte, una scarpetta di cristallo perduta... e infine, la felicità. Il compositore disse della sua opera: «Con la mia musica ho voluto esprimere il romantico amore di Cenerentola e del principe, il suo nascere, fiorire, il superamento degli ostacoli, fino al compimento del sogno».

Un dettaglio curioso: le parti della matrigna e delle sorellastre in questo balletto sono assegnate a ballerini maschi *en travesti*, ossia vestiti da donne. L'effetto naturalmente è comico, e serve a mettere in ridicolo i personaggi piú odiosi di questa storia.

IL LAGO DEI CIGNI

Musica di Piotr Ilic Ciaikovski

Il principe Siegfried si innamora della bella Odette, condannata da un incantesimo ordito dal mago Rothbart a essere fanciulla solo di notte e a trasformarsi in cigno di giorno: l'incanto si spezzerà solo se Odette sarà amata di vero amore. Il principe decide di presentare Odette come futura sposa a sua madre, ma il mago ha scoperto tutto: imprigiona Odette e si presenta a corte insieme a Odile, sua figlia, vestita di nero. Grazie a un incantesimo, il principe si convince che Odile sia Odette e promette di sposarla. Odette fugge disperata; Siegfried, scoperto l'inganno, la insegue; nonostante la tempesta evocata da Rothbart per annientare i due, il grande amore trionfa e sconfigge ogni maleficio.

Certo, ci vuole proprio un incantesimo potente perché Siegfried riesca a confondere la candida Odette con la nera, dura Odile... ma nelle fiabe, si sa, tutto è possibile.

LA SYLPHIDE

Musica di Jean Madeleine Schneitzhöffer

Un balletto creato per una ballerina, Maria Taglioni, figlia del coreografo Filippo Taglioni, che aveva inventato per lei una tecnica di ballo speciale, quella sulle punte. Maria Taglioni lo interpretò per la prima volta nel 1832, a Parigi, indossando un tutú bianco lungo fino al ginocchio. È una storia ambientata in Scozia, fra magie e streghe: la Sylphide è una fata dei boschi che incanta James, fidanzato di Effie, rubandogli l'anello di fidanzamento e costringendolo a seguirla. La strega Madge immerge una sciarpa in una pozione e consiglia a James di gettarla al collo della Sylphide per conquistarla. Lui obbedisce e l'eterea creatura muore. Intanto Effie viene consolata da Gurn, da sempre innamorato di lei: i due si sposeranno, mentre James resterà solo e disperato.

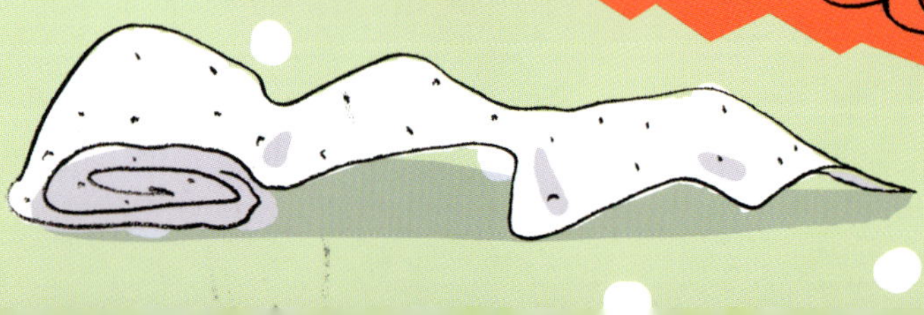

E POI...

LO SCHIACCIANOCI

Musica di Piotr Ilic Ciaikovski

Da un racconto di E.T.A. Hoffmann, è la storia di Clara che la notte di Natale riceve in dono dal signor Drosselmeier, un amico di famiglia, uno schiaccianoci di legno intagliato a forma di soldatino...

GISELLE

Musica di Adolphe-Charles Adam

Il duca Albrecht corteggia, illude e fa innamorare la bella contadinella Giselle. Ma lui è promesso sposo di una principessa, e invano il guardiacaccia Hilarion, innamorato di Giselle, tenta di metterla in guardia. Quando Giselle scopre la verità, muore...

ROMEO E GIULIETTA

Musica di Sergej Prokofiev

Il dramma di Shakespeare trasformato in balletto, con la storia dei due infelici amanti ragazzini di Verona, che alle prese con un amore ostacolato dalle famiglie finiranno per morire.

LE STELLE DI IERI E DI OGGI

Io ho una passione segreta per la storia del balletto e dei suoi grandi personaggi.

Adoro ritagliarne le foto e incollarle nel mio diario. Le foto, ma anche i ritratti delle grandi ballerine, quelle che sono vissute quando nessuno ancora le accecava con i flash...

Sono disegni vecchio stile che ce le mostrano evanescenti, magiche, quasi irreali. A confronto, le immagini dei grandi di oggi sembrano cosí aggressive... Certo, è cambiato molto nel mondo della danza. Ma è bello confrontare il passato col presente, scoprire che questo è davvero un universo pieno di sfaccettature...

MARIA TAGLIONI

Grande ballerina romantica, nata a Stoccolma, istruita personalmente dal padre che era coreografo, diva del balletto *La Sylphide*, di cui fu la prima interprete nel 1832, ebbe ai suoi piedi tutte le capitali europee, compresa San Pietroburgo.

FANNY ELSSLER

Era la rivale di Maria Taglioni: studiò danza a Napoli nell'Ottocento, ebbe enorme successo a Berlino, a Vienna, in Russia, andò in tournée negli Stati Uniti e a Cuba (e bisogna pensare che ai suoi tempi viaggiare non era facile come oggi...). Rispetto alla Taglioni, leggera ed eterea come una ninfa dei boschi, lei danzava in un modo piú sensuale e passionale (non a caso quasi tutti i suoi ritratti la mostrano in posa da danzatrice spagnola). Io me la immagino un po' come Gimenez...

VEN 27

LUNA PIENA !!!

ANNA PAVLOVA

Cominciò a studiare danza a dieci anni a San Pietroburgo ed entrò nel corpo di ballo del Teatro Marinskij a diciotto. Bravissima, fece il giro del mondo danzando per le platee dei teatri piú importanti. Nel 1905 fu la prima straordinaria interprete della *Morte del cigno*, un assolo di danza inventato dal coreografo Fokine basato sulla capacità espressiva delle braccia che imitano le ali vibranti di un cigno morente. Nel 1914 decise di non tornare piú in patria e si stabilí in Europa.

ore 12:30 → PRANZO con le amiche

POI INGLESE

VASLAV NIJINSKIJ

Nato a San Pietroburgo, figlio di due ballerini polacchi, diventò famoso a Parigi, dove danzò nei Ballets Russes di Diaghilev, e poi compose le proprie coreografie. Nel 1912 interpretò una propria coreografia originalissima: il *Prélude à l'après-midi d'un faune* di Debussy: bravissimo!

ISADORA DUNCAN

Nata a San Francisco, abbandonò tutú e scarpette da punta per inventare una danza ispirata all'antica Grecia, piú naturale e istintiva, a piedi nudi. Morí nel 1927 a Nizza, strangolata dalla sua lunga sciarpa bianca che s'infilò nelle ruote della sua automobile in corsa.

→ STUDIARE STORIA

SAB 28

Oggi sono alta cm. 173,2...

ore 8:00 PILATES

STUDIARE MATE !

RUDOLF NUREYEV

Grandissimo ballerino del Teatro Kirov di Leningrado (il nome di San Pietroburgo dopo la rivoluzione russa), nel 1961 era in tournée in Europa e decise di chiedere asilo politico alla Francia per non tornare piú in Unione Sovietica, dove per i ballerini c'erano pochissime possibilità di sperimentazione e invenzione. La stessa cosa fecero parecchi suoi colleghi. Morí nel 1993. Danzatore e coreografo, è un personaggio indimenticabile.

MARGOT FONTEYN

Stella della danza inglese, fece coppia molto spesso (una coppia straordinaria) con Nureyev.

→ il mio mito ♥

MIKHAIL BARYSHNIKOV

Come Nureyev, lasciò la compagnia del Kirov mentre era in tournée in Canada, e poi si stabilí negli Stati Uniti. Grande protagonista dell'American Ballet Theatre, ha fatto anche l'attore con successo in alcuni film, naturalmente dedicati al mondo della danza. Io li adoro!

UAU!

Oggi ho visto l'ARCOBALENO

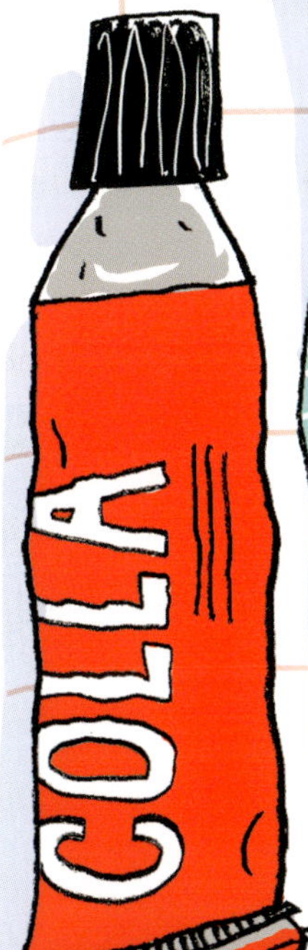

DOM 29

la mia impronta DIGITALE

oggi FESTA...

divine...

CARLA FRACCI

Diva della danza italiana. È stata una *spinazitt*, ossia un «piccolo spinacio», un'allieva della Scuola di Ballo del Teatro alla Scala di Milano. Diventata prima ballerina alla Scala nel 1958, ha danzato nei piú grandi teatri del mondo.

ALESSANDRA FERRI

Ha studiato alla Scala fino a quindici anni, poi è andata alla Royal Ballet School di Londra e giovanissima è entrata a far parte del Royal Ballet. Minuta, grandi occhi scuri, straordinaria presenza scenica, danza sui palcoscenici delle piú grandi città del mondo.

MAXIMILIANO GUERRA E JULIO BOCCA

In comune hanno le origini argentine e l'eccezionale potenza unita all'armonia. Tutti e due sono molto belli e amatissimi dalle platee (soprattutto femminili) di tutto il mondo...

LUN 3

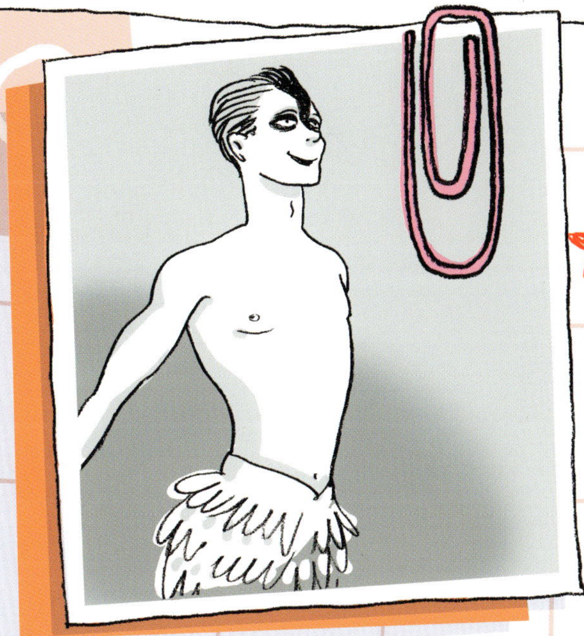

Questa notte ho fatto un SOGNO BELLLISSSIMO: danzavo assieme ad ADAM COOPER UAU!!

ADAM COOPER

È un giovane, bravo ballerino inglese diventato popolare (ma era già molto famoso prima) perché lo si intravvede nell'ultima scena del film *Billy Elliot*: è Billy da grande che entra in palcoscenico nel *Lago dei cigni*, in un allestimento anticonvenzionale che vede in scena soltanto ballerini maschi.

ore 9:00 → Gimenez

che stress...

LEDA AMA [crossed out] ?

ROBERTO BOLLE

È entrato giovanissimo alla Scuola di Ballo della Scala e aveva quindici anni quando, visto durante un esercizio alla sbarra, è stato scelto da Nureyev per interpretare il ruolo di Tadzio, il bellissimo adolescente, nel balletto *Morte a Venezia*. E prestissimo è diventato primo ballerino alla Scala: l'inizio di una carriera internazionale che lo ha portato nei teatri di tutto il mondo. Nel gennaio 2006 ha danzato una coreografia creata apposta per lui durante la cerimonia di apertura dei Giochi Olimpici Invernali di Torino.

ATTENZIONE: -20 giorni al saggio finale!!! EMOZIONE!

LOVE

LA DANZA CONTEMPORANEA

Il balletto classico è la scuola di formazione necessaria

anche a chi da grande vuole affrontare, scoprire, esplorare la danza contemporanea, e magari trovare un suo modo personale di viverla.
Il corpo è libero, capace di sperimentare ogni possibilità di movimento, spericolato, audace: sempre espressivo. E la danza contemporanea racconta gli uomini di oggi, le loro storie, le loro paure e le loro passioni.

Sono tanti i maestri e le compagnie che hanno contribuito a inventarla: qui ne racconto solo alcuni, che sono anche i miei preferiti...

JOSÉ LIMÓN

«Credo che non siamo mai cosí sinceramente e profondamente umani come quando danziamo». Bella frase, eh? L'ha detta proprio lui, José Limón, nato in Messico e vissuto in America, che fondò la propria compagnia nel 1946 con la collaborazione della sua insegnante Doris Humphrey. Concentrazione, pulizia e purezza dei gesti, espressione: queste sono le chiavi del metodo Limón.

MARTHA GRAHAM

Americana, fondò la sua compagnia nel 1929. La sua missione era «disegnare una mappa del cuore» attraverso il movimento. A lungo fu la principale interprete delle sue coreografie che sono violente, sconvolgenti e drammatiche. Diceva: «Non voglio che i miei movimenti siano belli o fluidi. Voglio che siano imbevuti di senso e di eccitazione».

ROLAND PETIT

Prima ballerino, poi fondatore della sua compagnia, i Ballets de Marseille, nel 1972, è francese e nel suo lavoro non ha mai dimenticato l'importanza della danza accademica, che mescola con allegria al teatro di varietà.

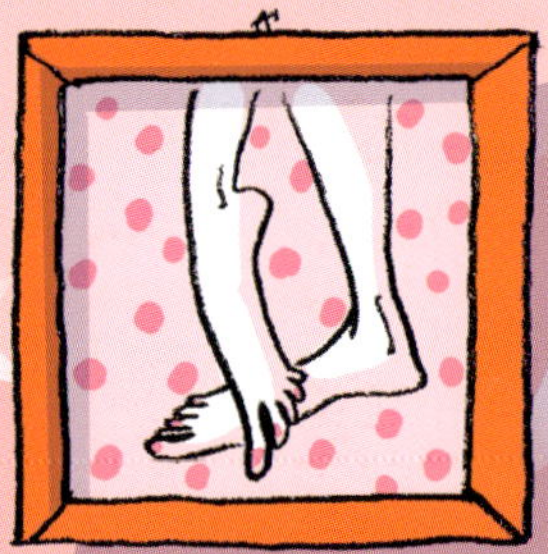

MAURICE BÉJART

Ha fondato a Bruxelles il Ballet du XX siècle e poi ha trasferito la sua compagnia in Svizzera (il Béjart Ballet Lausanne). Ed è il creatore del Mudra, la sua scuola di danza che è nata in Belgio ma ha una sede anche in Africa, e che poi ha cambiato nome in Rudra... un uomo pieno di energie e immaginazione, come vedete. La sua danza è anche teatro, canto, recitazione... tutto si mescola per raccontare storie degli uomini agli uomini.

PINA BAUSCH

Ha inventato il Tanztheater, che in tedesco, la sua lingua, vuol dire Teatrodanza. I danzatori con lei improvvisano e poi i loro pezzi vengono montati insieme, anche qui per raccontare storie, passioni, tormenti degli uomini del nostro tempo.

MOMIX

E poi ci sono loro, i Momix... Sono ballerini, ma anche mimi e un po' maghi. Giocano con i loro corpi, trasformandoli in oggetti sorprendenti. Ti fanno sempre restare a bocca aperta quando diventano fiori, piante, strane forme che mutano sotto i tuoi occhi... Il loro fondatore si chiama Moses Pendleton ed è stato uno sciatore prima di fondare con un amico il Pilobolus Dance Theatre, la sua prima compagnia, e poi, nel 1988, i Momix. Secondo me sono bravissimi.

LA DANZA NELL'ARTE

Negli ultimi due secoli ci sono stati pittori e scultori che hanno raccontato molto bene la danza con la loro arte.

Edgar Degas credeva che l'arte dovesse rappresentare la realtà e cosí assisté a molte lezioni di danza per riuscire a ritrarre le ballerine e il loro mondo nel modo piú giusto, sia nei quadri che nelle sculture. Succedeva in Francia nella seconda metà dell'Ottocento.

All'inizio del Novecento Henri Matisse lavorò a Parigi per i Ballets Russes, creando le scenografie. E cosí la danza è entrata nei suoi quadri, che rappresentano la fluidità dei movimenti...

Anche Fortunato Depero, un artista futurista italiano, lavorò per i Ballets Russes. A lui piacevano le marionette. E le scenografie geometriche...

Pablo Picasso aveva un suo modo di vedere la realtà, scomponendola tutta. E l'ha fatto, naturalmente, anche con le ballerine.

A New York negli anni Settanta del Novecento ha lavorato un artista giovanissimo, Keith Haring. I suoi omini spesso danzano la *street dance*, quella dei rapper, quella che si fa agli angoli delle strade con un radiolone dal volume spinto al massimo...

I MESTIERI DELLA DANZA

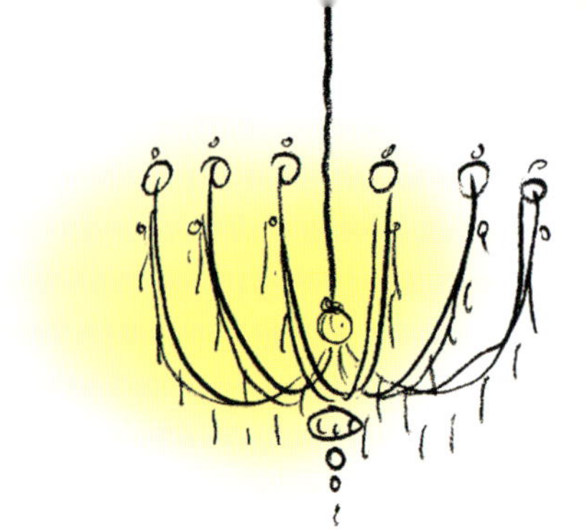

Attorno alla danza ruotano un sacco di mestieri interessanti.

Chi è appassionato del mondo dello spettacolo ha molte possibilità di partecipare mettendo le sue capacità tecniche e artistiche al servizio del palcoscenico e dei suoi dintorni...

Prima si diploma in una scuola importante, poi si specializza seguendo corsi di didattica e infine può cominciare a insegnare. Le possibilità sono molte: danza accademica, punta, danza di carattere, danza spagnola, repertorio, *pas de deux*, danza contemporanea...

LA SARTA TEATRALE

Cuce, naturalmente, e lavora in stretta collaborazione con il costumista, ma per saper cucire e mettere insieme un costume deve conoscere i materiali con cui lavora e anche la storia degli stili che sono stati usati nel passato: per prendere ispirazione e per trovare strade nuove e originali.

IL MAESTRO ACCOMPAGNATORE

È un pianista specializzato nell'accompagnamento dei danzatori, sia quando studiano sia quando provano.

IL PARRUCCHIERE E TRUCCATORE

Impara ad acconciare i capelli, ma anche le parrucche, i baffi, gli chignon finti (si chiamano posticci) che si applicano ai personaggi delle rappresentazioni; e a dipingerne il volto per sottolinearne il carattere. Per imparare tutto questo, studia anche la storia del teatro e del costume, ossia del modo di vestirsi, sia a teatro che fuori.

il coreografo

È la persona che «disegna» i balletti decidendo le sequenze di passi da sovrapporre alla musica in modo che la storia che si vuole raccontare risulti espressiva e significativa. Una stessa musica può essere «disegnata» in modi molto diversi: un ballerino come Nureyev, per esempio, ha realizzato anche molte coreografie su opere musicali che già in passato erano diventate balletti. Spesso il coreografo ha un passato di ballerino o fa le due cose contemporaneamente: chi meglio di un ballerino può sapere come esprimere idee, emozioni, sentimenti con il gesto?

il fotografo di scena

Fotografare uno spettacolo e i suoi protagonisti non è semplice. Si lavora in interni, con personaggi in movimento e luci particolari. Bisogna saper cogliere attimi ed espressioni, movimenti e scene d'assieme.

IL TECNICO DELLE LUCI

Anima gli spettacoli unendo le sue capacità artistiche alla conoscenza della tecnica: la sua postazione di lavoro è la consolle, il banco di comando delle luci di tutto il teatro.

IL MACCHINISTA TEATRALE

È un tecnico che lavora in palcoscenico e sa montare, smontare, spostare le scene di uno spettacolo. Naturalmente per farlo deve conoscere il palcoscenico come le sue tasche, sapere come vengono costruite le scenografie e come si usano i meccanismi segreti che consentono alle scene di cambiare come per magia...

LO SCENOGRAFO E COSTUMISTA

Creare le scene e i costumi per uno spettacolo teatrale, un'opera lirica o un balletto, è un lavoro affascinante. Per impararlo si studia la storia, si analizzano i grandi allestimenti del passato e del presente, e poi si fa pratica assistendo e quindi partecipando in prima persona all'invenzione di scenografie e abiti di scena. Il lavoro della scenografia oggi si fa in gran parte con il computer.

QUELLO CHE SONO, QUELLO CHE SOGNO

Io voglio fare il coreografo. È la cosa che mi interessa di piú. Questo vuol dire finire il mio corso di danza fino al diploma, e poi specializzarmi, e studiare all'estero, e poi lavorare con una grande compagnia e dei bravi ballerini...
Be', con tutto quello che vi ho raccontato sui maestri della danza contemporanea (i miei maestri, almeno) ormai vi sarà chiaro: io da grande voglio fare quelle cose lí. Lavorare per un po' in una compagnia importante. E poi continuare la strada da solo.
Ho avuto qualche problema, un po' di tempo fa. Ero troppo magra. E volevo esserlo ancora di piú. Adesso ho capito che era una sciocchezza. E soprattutto ho capito una cosa: se sto bene, se sono piena di energie, posso danzare. Altrimenti no. E non devo dimenticarlo.
Credete che un vecchietto come me non abbia dei sogni? Be', vi sbagliate. Vorrei che il mio posto venisse ereditato da un ragazzo di talento (va bene anche una ragazza) che abbia voglia di suonare per i giovanissimi ballerini. Si imparano tante cose da loro. Si sta allegri. E per me, sogno di portare un giorno un *bouquet* in camerino, dopo un grande debutto, a una delle mie ragazzine...

Io sono una giovane *étoile* e mi riesce difficile immaginare qualcosa di piú bello di quello che mi è già capitato: studiare, diplomarmi, e poi diventare quello che ho sempre desiderato. Ma ci sono un sacco di posti nel mondo che non ho ancora conosciuto. Dal punto di vista del palcoscenico, dico. E quindi sogno di viaggiare molto, moltissimo...
Be', Fantin, mi rubi i sogni, adesso? Anch'io ho in mente di fare qualcosa di speciale per una delle mie cocche. Zoe, per esempio. Tipo un tutú fantasmagorico per una prima grandiosa, di quelle che sono l'inizio di una carriera luccicante. Incrocio le dita...

L'Accademia è la mia creatura, come lo è stata per gli altri direttori prima di me. Ognuno di noi ha aggiunto qualcosa di suo, ha creato un pezzetto di questa storia prestigiosa, la storia di un grande teatro e di una grande scuola, famosa in tutto il mondo. Spero di continuare a formare ballerini davanti ai quali tutto il mondo si scotterà le mani a furia di applausi...

LE GRANDI SCUOLE DEL MONDO

Funzionano tutte più o meno allo stesso modo:

dai sei ai dieci anni alcune tengono già dei corsi di propedeutica, ossia di preparazione alla danza, in cui i bambini imparano a seguire il ritmo, sentire la musica, ascoltare il proprio corpo e usarlo con disinvoltura, durante lezioni che sono molto precise e rigorose ma non dimenticano l'importanza del gioco.

L'ESAME DI AMMISSIONE

È attorno ai dieci-undici anni che cominciano i corsi seri, preceduti da un esame di ammissione che è in parte medico e in parte attitudinale. L'esame medico serve a capire attraverso una visita ortopedica se il corpo dell'aspirante ballerino è adatto alla danza: ci sono caratteristiche fisiche che sono necessarie a chi vuole fare danza in modo serio, come l'elasticità, la disposizione naturale del corpo a eseguire certi movimenti che nella vita normale non si fanno... L'esame attitudinale serve a capire se l'aspirante ballerino sente la musica, ossia ha un buon senso del ritmo, necessario per muoversi con precisione sulle note. In genere al corso vengono ammessi quindici-venti candidati ogni anno.

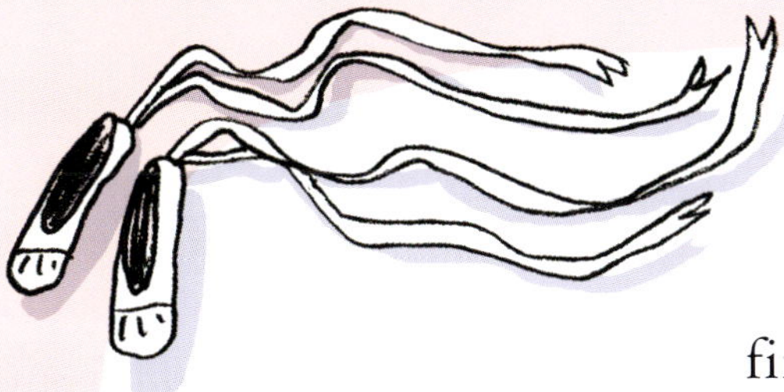

I corsi sono molto seri e impegnativi fin dall'inizio. Alle ore del mattino è dedicato lo studio della danza nelle sale da ballo. Poi, nel primo pomeriggio, i giovani ballerini si spostano sui banchi di scuola: l'istruzione non va trascurata, anche se nelle scuole di ballo naturalmente è il ballo e tutto ciò che gli ruota attorno la cosa piú importante.

Mentre le materie della scuola primaria di secondo grado sono piú o meno le stesse di una scuola normale, quelle della scuola di ballo propongono l'apprendimento delle tecniche di base. Sono previsti anche insegnamenti teorici: bisogna imparare che cosa è successo nel passato per poter danzare nel presente. Ed è importante conoscere la musica non solo da ascoltatori, ma in modo piú approfondito.

Molto spazio è dedicato anche all'educazione fisica, che naturalmente mira a rafforzare il corpo nei modi piú adatti alla danza (e quindi si fa tanto stretching, si impara il metodo Pilates...).

È chiaro che una settimana che contenga tutte queste cose è una settimana di scuola molto pesante.

Per questo ai giovani ballerini si chiedono impegno e forza di volontà. C'è chi molto presto scopre di non reggere questo ritmo. E c'è chi stringe i denti e va avanti...

MATERIE

Balletto classico
Danza di carattere
Punta
Repertorio
Pas de deux
Danza contemporanea
Danza spagnola
Storia del balletto
Storia della musica
Teoria e analisi musicale

i CORSI

Alla fine di ogni anno, o di ogni gruppo di anni (dipende dalle scuole), gli allievi devono sostenere un esame di ammissione all'anno dopo, per dimostrare di aver imparato quello che ci si aspettava da loro.
Alla fine di ogni anno vengono anche riaperte le selezioni per gli studenti che vogliono provare a entrare a far parte della scuola provenendo da altri centri di formazione.

E DOPO...

Dopo molti anni di studi (all'Accademia sono otto, piú i cinque del corso inferiore) si affronta l'esame di diploma.
Un ballerino diplomato può prendere parte alle audizioni che le grandi compagnie di ballo del mondo fanno regolarmente per scegliere nuovi ballerini.

TEATRO ALLA SCALA

Nel 1776 un incendio distrusse il Teatro Regio Ducale di Milano. Cosí l'imperatrice Maria Teresa d'Austria decise che sarebbe sorto un nuovo teatro per l'opera e il balletto, sul terreno dove prima c'era la chiesa di Santa Maria alla Scala. Il teatro fu progettato dall'architetto Piermarini e inaugurato nel 1778. La scuola di ballo nacque all'inizio dell'Ottocento. Oggi si chiama Accademia d'Arti e Mestieri dello Spettacolo e ogni anno sforna numerosi diplomati in molte discipline diverse. Nel 2006 d'intesa fra Scala e Conservatorio parte il progetto del liceo coreutico, destinato a dare una formazione culturale ai ragazzi che studiano danza e musica in modo professionale.

SCHOOL OF AMERICAN BALLET

È la scuola legata al New York City Ballet e si trova al Lincoln Center, nel cuore di New York. È stata fondata nel 1934 dal coreografo George Balanchine e accoglie allievi dagli 8 ai 18 anni.

ROYAL BALLET SCHOOL

Si trova a Londra ed è stata fondata nel 1926. Comprende due corsi diversi, per ragazzi dagli 11 ai 16 anni e per ragazzi dai 16 ai 18 anni.

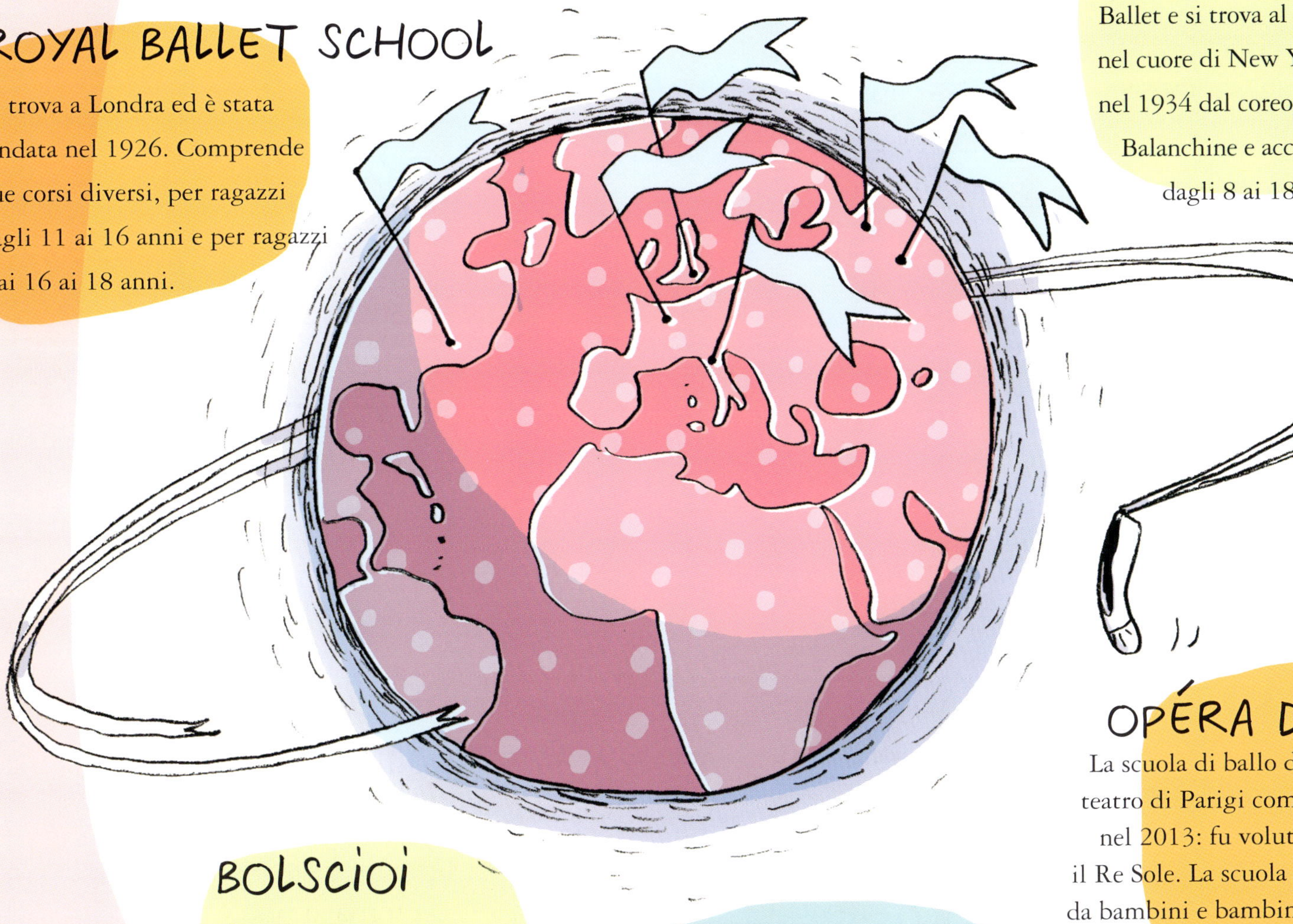

OPÉRA DE PARIS

La scuola di ballo del piú importante teatro di Parigi compirà trecento anni nel 2013: fu voluta da re Luigi XIV, il Re Sole. La scuola oggi è frequentata da bambini e bambine a partire dagli 8 anni, che prima dell'ammissione ufficiale devono seguire uno stage di sei mesi (che diventa di un anno per i ragazzi a partire dai 10 anni) per verificare che siano adatti a questa disciplina.

BOLSCIOI

È il grande teatro storico di Mosca, e la sede di una prestigiosa scuola di ballo che ha formato straordinari artisti.

KIROV

È il teatro di San Pietroburgo e nel balletto vanta una tradizione di oltre duecento anni.

Eccoci di nuovo qui, tutti insieme.

Abbiamo raccontato il balletto secondo tanti punti di vista, e ora ci congediamo con un elegante inchino, come si fa alla fine di uno spettacolo. Ma la storia di ciascuno di noi continua, come continua il nostro lavoro fatto di pazienza e passione al servizio di un'arte incantevole: la danza.